ことばでさがす
ぴったり配色見本帳

視覚デザイン研究所

愛 6 溢れだせば 世界はバラ色に輝く

暖かい 8 心地よく柔らかい感じ。冷たくない

癒し 10 柔らかい光に包まれて 和みたい

穏やか 14 平穏無事な落ち着きの ある状態

隠れ家 16 仲間だけの秘密の空間 は落ち着く

カジュアル 18 リラックスしてくつろぐ 元気な感じ

活発 22 鮮やかなにぎわいで 好感度アップ

家庭的 24 明るい家には優しさと 安らぎがある

季節

春 128 初々しく柔らかに 萌える明るさ

夏 130 太陽の暑さが 清涼感を求めさせる

秋 132 実りと落ち着きを とり戻す季節

冬 134 寒いと暖かいぬくもりが 恋しくなる

華美 26 よりゴージャスに、より艶やかに

歓迎 28 元気一杯で 迎えられたら嬉しい

毅然 30 己の信念を貫く力強さと 厳しさ

クール 32 理性とこだわりの かっこいいバランス

軽快 34 軽やかで明るく 朗らかな開放感

劇的 36 刺激的で感動的な 印象を与えたい

激安 38 積極的に元気に 目立ちます

健康 40 心と体の源。強く元気で健やかに

幻想 42 現実とはかけ離れた 囲いの中の世界

豪華 44 過剰でリッチな 贅沢感を味わう

高級 46 重厚で特別な ひととき

幸福 48 明るく心を 満たしていく温かさ

爽やか 50 清々しい青空、明るく透明な風

趣味 52 こだわりをもった 味わいを感じとる

純粋 54 汚れない 清らかさは透明感を生む

情熱 56 熱く燃える想いは ダイナミック

上品 58 透明感のある 気品と優しさが漂う

女性的 60 柔らかくて優しくて チャーミング

思慮深い 64 落ち着きと 適度な緊張感がある

紳士 66 上品で穏やかで 礼儀正しい人

Wabcdabc
Wabcdabc
ABCDE

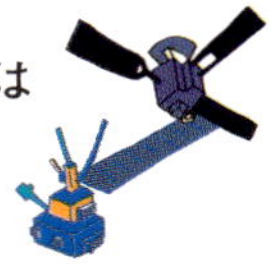

神聖 68 崇高で侵しがたい特別な佇まい
親切 70 心を開くと自然に溢れ出る優しさ
シンプル 72 シンプルな生活で人生もすっきり
すっきり 74 余計なものがなく、気持ちがよい
素直 76 穏やかで飾り気のない明るい心

誠実 78 真面目で無駄がなく安定感もある
精神性 80 引きしまった緊張感と深い静けさ
静的 82 しんとした静けさに騒々しさはない

精密 84 とても細かい注意と正確さが必要
繊細 86 淡くはかない微妙な美しさ
大地 88 緑豊かな自然の恵みと命を育む
力強い 90 重量感でパンチのあるインパクト
都会的 92 洗練された上品さとシャープ感
日常 94 ごく普通の穏やかで優しい日々

励まし 96 力強く声をかけて元気づける
はっきり 98 明確で分かりやすく好感を得やすい

和風

華やか 118 美しい上質感、春風の爽やかさ
渋い 120 深い趣きと落ち着きを感じさせる
伝統 122 守られ、受け継がれていく精神性
粋 124 洗練とこだわりのあるオシャレ感覚
情緒 126 柔らかく優雅で優しい心のありよう

華やか 100 華やかに気取って目立ちたい！
フレッシュ 102 若さあふれるみずみずしさ
豊穣 106 満足感と生命のエネルギー
未来 108 明るく、希望の扉が開いています
役立つ 110 無駄がなくすっきりと分かりやすい
理知 112 タイトなスーツでクールに決める

冷静 114 感情に左右されない静かな心
ロマンチック 116 甘くて淡くて空想的。でも情熱的

• 配色見本の使い方 136 •
• 用語の説明 138 •
• 配色の品質保証？！ 140 •

ことばでさがす
ぴったり配色見本帳

視覚デザイン研究所

愛《あい》 溢れだせば世界はバラ色に輝く

愛のイメージは女性限定の紅色で表す

愛や愛情を配色のイメージで表すとピンク（紅色）に限定された内向的な世界です。言葉から愛情を思い浮かべると様々なイメージの愛情がありますが、配色では女性限定の紅色だけが愛情を表します。青色や緑色では愛は表れません。

2 Colors

3 Colors

微量の反対色で甘さを引きしめる

ピンクの反対色の緑を添えると少しピリッと引きしまります。反対色のバランスを多くしすぎると、内向的な愛とは反対の開放的なイメージになってしまいます。

4 Colors

Many Colors

＊ あたたかい

暖かい

心地よく柔らかい感じ。冷たくない ＊

暖かさは暖色の赤色、橙色で表す

赤色や橙色などの暖色を使えば、どんなトーンでも暖かいイメージになります。暖色とは、色相環上で赤を中心とした紅色から黄色くらいまでの範囲の色です。暖色の反対色となる寒色は青色を中心とした色です。

2 Colors

3 Colors

紅色から黄色までが暖色の範囲

色相環で紅色のすぐ隣の色は紫色で、黄色の隣は緑色となります。紅色が赤色や橙色と比べてすずしい印象があるのは寒色に近いからです。

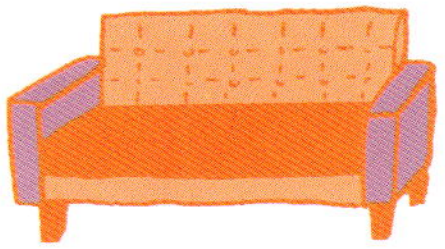

4 Colors

Many Colors

＊ いやし

癒し　柔らかい光に包まれて和みたい

癒しは明るい濁色で表す

癒しは、明るい濁色のトーンでゆったりと表します。癒しは、心休まる静かな空間です。激しさやハードさはないので、強い主張や厳しさを表す純色や暗色は避けます。

2 Colors

様々な色相が混じってこだわりのなさを表す

癒しのイメージは穏やかさに開放感が加わった状態です。反対色や離れた色相が入り交じった配色で、開放感や自由なイメージを表します。

3 Colors

癒し《いやし》 柔らかい光に包まれて和みたい

癒しの雰囲気を穏やかなトーンで表す

肩のこらない、ほのぼのとした癒し感は穏やかなトーンで配色すると表れます。鮮やか過ぎて主張の強い純色のトーンや厳しい暗色のトーンは避けます。

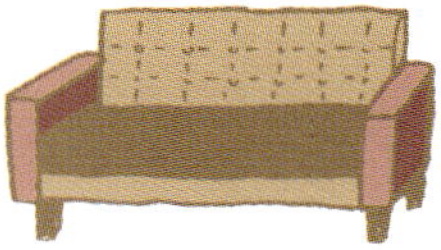

4 Colors

アクセントの反対色も抑えたトーンにする

癒しを表すには、穏やかなトーンで配色をまとめることが大切です。アクセントの反対色を効かせるときもトーンを抑えて穏やかさを保ちます。

Many Colors

＊ おだやか

穏やか 平穏無事な落ち着きのある状態

穏やかさは明るく渋いトーンで表す

穏やかさは、強い色を抑え、明るく渋いトーンを主体にします。そして、反対色を微量に抑えた配色にすれば、穏やかで控えめなイメージが表れます。

2 Colors

3 Colors

明度差をはっきりさせて、すっきり感を保つ

渋めのトーンの類似色だけの配色では、穏やかですが、ねぼけたイメージになります。明るいトーンを組み合わせて明度差をはっきりさせると、穏やかさの中にすっきり感も保てます。

4 Colors

Many Colors

＊ 隠れ家《かくれが》 仲間だけの秘密の空間は落ち着く ＊

隠れ家は同系色と類似色で表す

隠れ家のイメージは、仲間だけのひっそりと落ち着いた居心地のいい空間で、閉鎖感は同系色で表します。明度差も抑えると、隠れ家らしいひっそりとしたイメージが表れます。

2 Colors

3 Colors

アクセント色で遊び心を表す

同系色の中に、ほんのわずか反対色を添えると、少しだけ開放感が生まれ、趣味性や遊び心が表れます。外に向かってわずかに開かれた空間が隠れ家らしさを強調します。

4 Colors

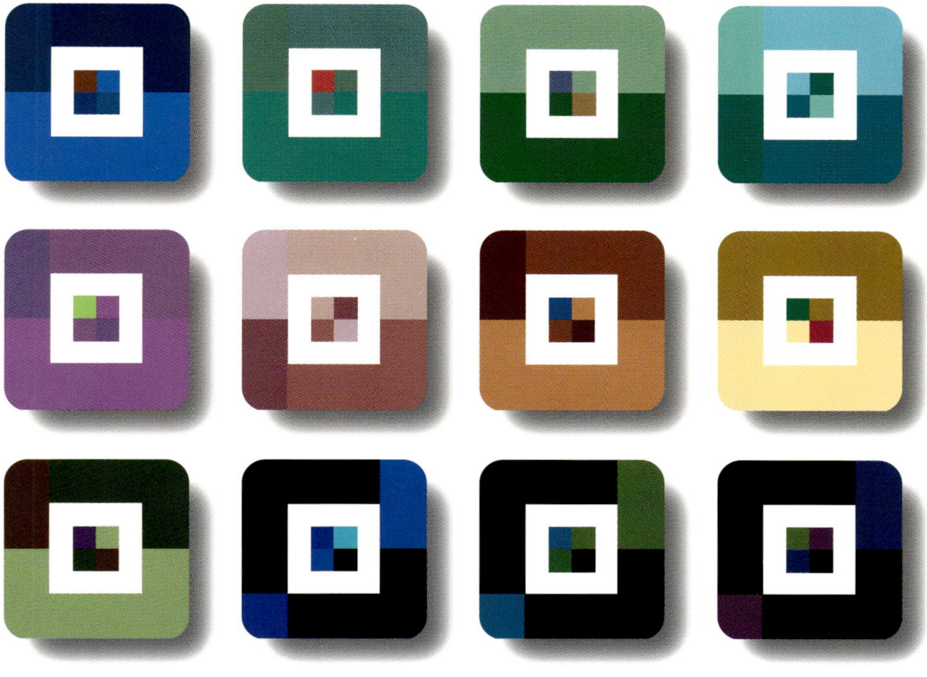

Many Colors

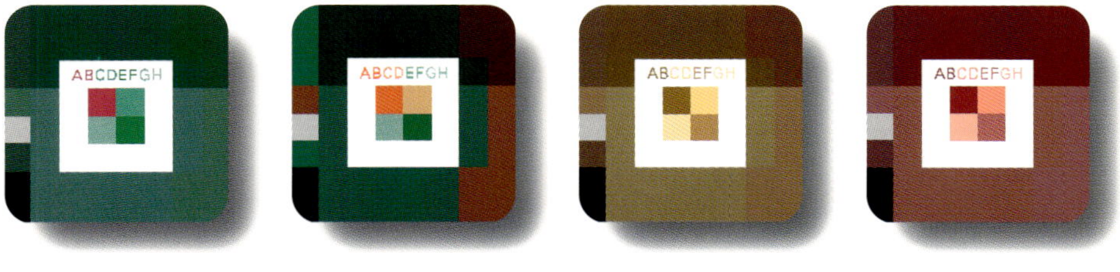

＊ カジュアル《かじゅある》 リラックスしてくつろぐ元気な感じ ＊

カジュアルは開放的な全相型の配色で表す

カジュアルのイメージは全相型の配色で表せます。全相型とは、赤色、黄色、青色、緑色と色相をまんべんなく使った配色です。この配色にすると開放感のある元気でにぎやかなイメージが表せます。

2 Colors

純色は元気なカジュアル感を表す

純色から明色にかけてのトーンは、元気、陽気、にぎやかなど、カジュアルの開放感のあるイメージにぴったりです。濁色のトーンにすると穏やかになりますが開放感は弱まり、暗色のトーンにすると厳しい印象になります。

3 Colors

カジュアル《かじゅある》 リラックスしてくつろぐ元気な感じ

色相の幅を広げると、自由で楽しいイメージに

例えば青色だけでなく、黄色や緑色、赤色と様々な色をちりばめると、こだわりのない自由さが強調されます。

4 Colors

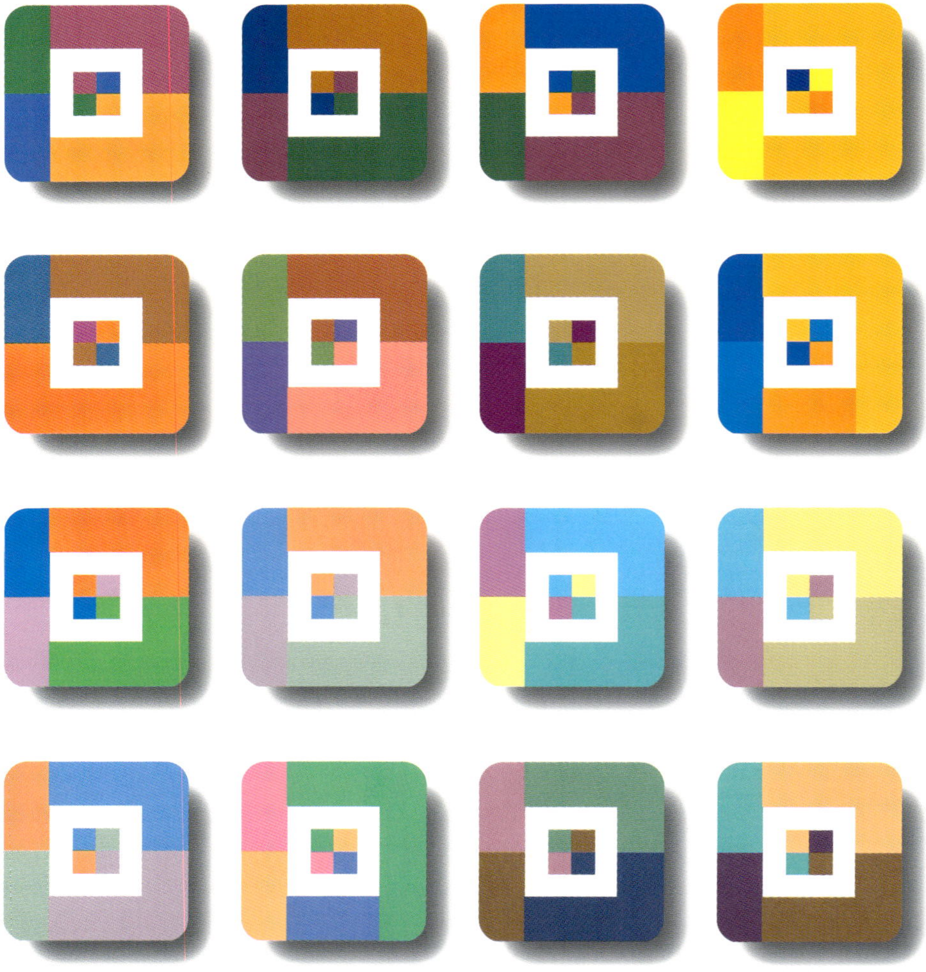

黄色が気軽な陽気さを強調する

カジュアルを表すには、黄色が効果的です。青色や緑色の配色の中に黄色を加えると、画面全体が陽気になります。黄色をなくすと沈んだ印象に変わります。

Many Colors

活発《かっぱつ》 鮮やかなにぎわいで好感度アップ

活発なイメージは開放的な純色で表す

活発のイメージは、明るく力強く開放的なことです。明るい力強さは、純色から明色にかけてのトーンで表れます。黒を加えない明るいトーンです。これに、対決型や全相型(P.138)の配色を組み合わせて開放感を表します。

2 Colors

3 Colors

白地でクリアな明るさをキープ

活気や元気を表すには白が必要です。絵柄の背景の白地、絵柄の内側にある模様や文字の一部を白地にして開けた空間をつくります。明るさをスッキリとキープでき、くどい印象になるのを避けられます。

4 Colors

Many Colors

家庭的《かていてき》 明るい家には優しさと安らぎがある

家庭的なイメージは暖色の明るいトーンで表す

家庭の穏やかで明るいイメージは、濁色を少し含む明色のトーンで表します。暖色を主体とした色相で、反対色は微量にとどめます。

2 Colors

3 Colors

微量の反対色で、軽快な開放感を加える

同系色や類似色だけでまとめると、穏やかな家庭のイメージが表れます。しかし、少し重苦しくなる欠点があります。微量のアクセント色を加えて、落ち着きの中に軽い開放感を出します。

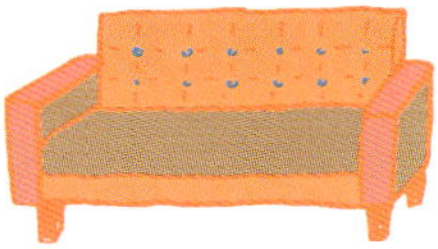

4 Colors

Many Colors

＊ 華美《かび》 よりゴージャスに、より艶やかに ＊

華美は華やかさのトーンを深めた濃いトーンで表す

華美のイメージは、華やかさ（P.100）よりもディープで少しくどいテイストになります。華やかさとほぼ同じなので、色相はそのままにして、トーンをひときわ強くすれば、華美のイメージになります。

2 Colors

3 Colors

トーンを強くすると深い落ち着きが加わる

明色のトーンでは爽やかな華やかさを表しますが、純色や暗色のトーンに近づけるほど深く落ち着いたイメージが強調され、華美のイメージとなっていきます。

4 Colors

Many Colors

歓迎《かんげい》 元気一杯で迎えられたら嬉しい

歓迎の気持ちは陽気で元気な全相型で表す

歓迎のイメージの配色はカジュアルと同じ全相型になります。全相型でもトーンを変えると別のイメージを表せます。明るいトーンの全相型にすれば優しい歓迎感が表せ、渋い濁色のトーンにすると落ち着いた大人向けの歓迎感が表せます。

2 Colors

3 Colors

色相が散らばる全相型にすると楽しさが溢れ出す

橙色、紅色（ピンク）、青色、緑色の４色を色相環上に並べると、色が色相環全体に散っていることが分かります。色相の偏りがないこの配色を使えば、こだわりのない開放感や元気、陽気、楽しいといったイメージを表せます。

4 Colors

Many Colors

毅然《きぜん》 己の信念を貫く力強さと厳しさ

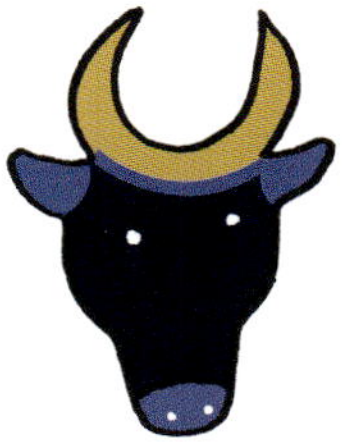

毅然は暗色を対決配色して表す

抑制した暗色のトーンは厳しさを表し、反対色の配色は他者との対決を表します。これは、厳しく他者と対決するイメージのある毅然にぴったりです。鮮やかでパワフルな純色に黒を加えた微暗色のトーンは抑制のトーンです。

2 Colors

3 Colors

反対色の色面を目立たせる

毅然のイメージでは、反対色がはっきりと目立つようにします。対決感を強調して凛としたイメージを表します。反対色を微量にすると穏やかなイメージになってしまいます。

4 Colors

Many Colors

＊ クール《くーる》 理性とこだわりのかっこいいバランス

クールは、白地を生かした明るい青色で表す

クールは明るい青色の配色で表します。理知的（P.112）なイメージと同じですが、組み合わせる反対色が違います。理知は反対色の黄色で開放感を表しましたが、クールは白と組み合わせます。開放感を控えめにするためです。

2 Colors

3 Colors

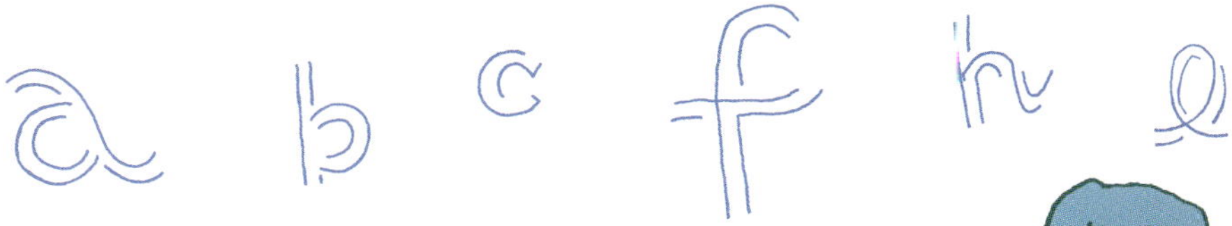

白地が青色を爽やかでクリアに見せる

配色の一部に必ず白を残します。白が加わると青色のもつ冷たさ、寂しさが消え、爽やかな印象になります。

4 Colors

Many Colors

軽快《けいかい》

軽やかで明るく朗らかな開放感

軽快さは明るいトーンの開放的な配色で表す

軽快さは、明るいトーンで色相差の大きな開放的な配色で表します。黒やグレーを含まない明色のトーンは裏表のない明るく朗らかなイメージを表せます。しかし、トーンを強くしすぎると軽快さは消え、重苦しくなってしまいます。

2 Colors

3 Colors

すべての色相を使う全相型には、こだわり感はない

ひとつの色相にこだわらずにすべての色相を散りばめると、軽快で自由なイメージになります。明るいトーンにすると爽やかで優しいイメージが加わります。

4 Colors

Many Colors

劇的《げきてき》 刺激的で感動的な印象を与えたい

劇的のイメージは微暗色の強い対比で表す

劇的のイメージは、純色に少し黒を混ぜた微暗色トーンを反対色の関係にした組み合わせで配色します。激しく、刺激的でドラマチックなイメージを表せます。

2 Colors

3 Colors

背景も黒や暗色で包む

背景全体を黒や暗色で包み込むと、内に秘められた感情や劇的、幻想的なイメージが強調されます。逆に白を加えるほど、劇的なイメージは弱まります。白がクリアな感じを表すからです。

4 Colors

Many Colors

激安《げきやす》 積極的に元気に目立ちます

激安は元気で開放的な純色で表す

激安のイメージは、なんといっても元気と積極性です。純色のトーンと開放感を表す反対色や全相型の配色にすると、裏表のない力強く積極的な激安のイメージが表れます。

2 Colors

3 Colors

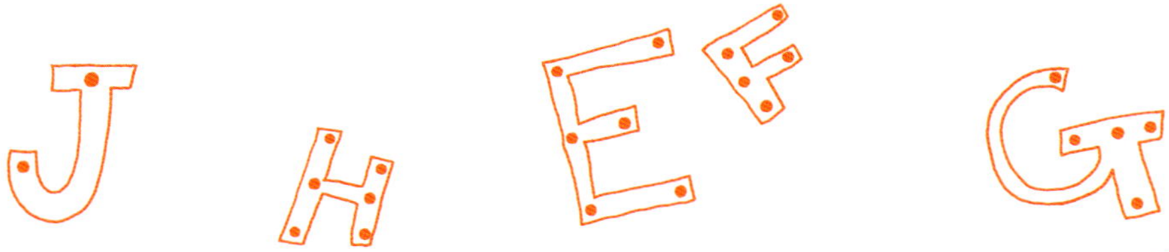

白地ですっきりさせる

激安の配色には白地が必要です。背景の白地をそのまま残したり、絵柄に白地の文字を入れたりすることで、くどい印象が消えすっきりします。すると純色の元気さが前面に表れます。

4 Colors

Many Colors

＊健康《けんこう》 心と体の源。強く元気で健やかに

健康は明るい暖色で表す

健康は、純色から明色にかけての明るいトーンで表します。色相は、血の巡りがよいことを暗示する赤色を中心にします。健康は体の元気な様子を表すので、かげりを暗示する濁色や暗色のトーンは避けます。

2 Colors

3 Colors

少量の反対色は主役を引きたてる

反対色の青色や緑色は肌色を引きたてますが、面積を大きくしすぎると健康のイメージが損なわれ、厳しいイメージが表れてきます。

4 Colors

Many Colors

幻想《げんそう》 現実とはかけ離れた囲いの中の世界

幻想は完全に同系色で表す

幻想は現実から遠く離れて自分だけの世界に閉じこもった状態です。そこで、現実にはありえない同系色で完全に統一します。透明感のある明色や暗色のトーンにすると幻想性はより深まります。

2 Colors

3 Colors

反対色を抑えると幻想性が表れる

アクセント色となる反対色の色味は抑え、少しにします。大きな面積にすると開放的になり、現実感が出てきてしまいます。

4 Colors

Many Colors

豪華《ごうか》 過剰でリッチな贅沢感を味わう

豪華は鮮やかな暗色を散りばめて表す

豪華さは微暗色の反対色の組み合わせで表します。豪華さにある力強いイメージは純色から暗色にかけてのトーンで表します。そこに、反対色や全相型を組み合わせて華やかなイメージを加えます。

2 Colors

3 Colors

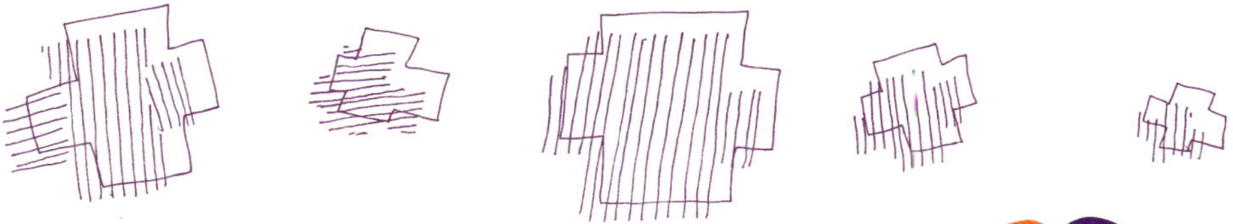

鮮やかな強い色を散りばめると豪華さが強調される

鮮やかな反対色同士を散りばめると生き生きとした配色になります。主役との対比を強調してポイントをはっきりさせると、配色全体のイメージは落ち着きます。

4 Colors

Many Colors

高級《こうきゅう》 重厚で特別なひととき

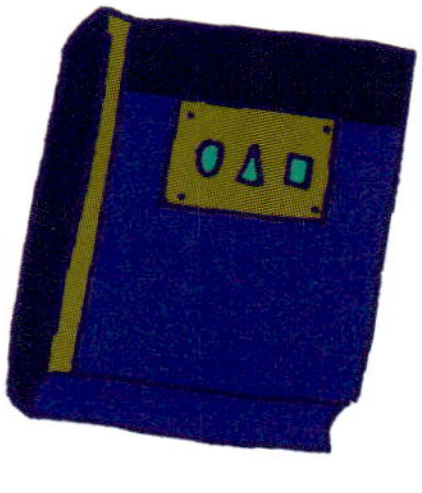

高級は暗めの渋いトーンで表す

高級感に含まれる威厳があり重厚なイメージは暗色のトーンで表します。暗色に近いほど重厚な高級感が表れ、明るいトーンにするほど上品な高級感が表れます。さらに、濁色で穏やかなイメージも加えます。

2 Colors

3 Colors

反対色でシャープ感を出す

渋く暗いトーンだけで配色すると重くなりすぎます。反対色を添えることで、開放感が生まれ、すっきりとしたシャープな印象の配色になります。

4 Colors

Many Colors

こうふく

幸福 明るく心を満たしていく温かさ

幸福は透明感のある明るく淡いトーンで表す

幸福のイメージは温かく優しい気持ちに包まれた世界なので、明るく淡いトーンを組み合わせて表します。厳しさやかげりといったイメージはないので、厳しさを表す暗色や対決感の強い反対色、かげりを表す濁色は控えめにします。

2 Colors

3 Colors

暖色は気持ちを優しくさせる

暖色とは、色相環上の紅色から赤色、橙色、黄色までの色です。温かくゆったりとした気分を表します。暖色で配色すると、心地よい幸福感が表れます。

4 Colors

Many Colors

＊ さわやか

爽やか 清々しい青空、明るく透明な風

爽やかさは青色の明色トーンで表す

爽やかさのイメージは、さっぱりした初夏のそよ風です。明色の青色を中心にした配色にします。こだわりや押し付けがましさはないので、こだわりを表す濁色や、押し付けを表す暗色や純色は避けます。

2 Colors

3 Colors

反対色で開放感を出す

少量の反対色は開放感を表します。青色中心の配色に小さな面積（キャップや靴下）を黄色にするだけで青色が生き生きとし、爽やかさがより強調されて見えます。

4 Colors

Many Colors

＊
趣味《しゅみ》 こだわりをもった味わいを感じとる
＊

趣味は濁色の類似色で表す

趣味性を表す配色のキーワードは「こだわり」です。こだわり感は濁色のトーン、類似色に限定した色相で表れます。穏やかな内向性に少しだけ開放感を加えます。

2 Colors

3 Colors

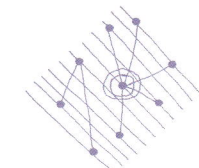

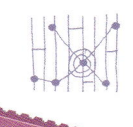

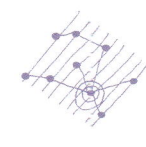

対比を抑え、穏やかさを保つ

趣味のイメージには強い主張や激しい対決は似合いません。内側に向かうこだわりが趣味性を表します。対比色相を組み合わせるときも、鮮やかさを抑え、穏やかさを保ちます。

4 Colors

Many Colors

純粋《じゅんすい》　汚れない清らかさは透明感を生む

純粋は同系色の明色、暗色で表す

純粋は色相は同系色、類似色の範囲にし、トーンは明色や暗色で表します。純粋のイメージは混じりけのない状態なので、濁色のトーンは使いません。また、色相の幅を広げすぎると開放的な印象になってしまい、純粋のイメージから遠くなります。

2 Colors

3 Colors

類似の色相で統一するとピュアなイメージに

同系色、類似色で統一すると純潔、純粋のイメージが表れます。青色と色相の離れた黄色や橙色などを組み合わせると開放感は出ますが、強すぎると純潔とは異質なものとなってしまいます。

4 Colors

Many Colors

* 情熱《じょうねつ》 熱く燃える想いはダイナミック *

情熱は強いトーンの赤色で表します

情熱のイメージ、激しく燃えたぎる感情、深く強い想いには、赤色が絶対必要です。寒色の青色や紫色がメインでは、いくら鮮やかなトーンを使っても冷静なイメージになり、黄色では陽気すぎて深い想いを表せません。

2 Colors

3 Colors

白地をなくして秘めた深い想いを表す

情熱を表すには白は避けます。背景全体を赤色中心の色面で埋めつくすと、想いが内側に閉じ込められ、深さが表れます。白はクリアなイメージを表すので、内に秘めた想いのイメージを損なわせます。

4 Colors

Many Colors

上品《じょうひん》 透明感のある気品と優しさが漂う

上品さは明るく淡いトーンで表す

上品さは透明感のある明るく淡いトーンで表します。淡いトーンによる上品さと都会的なイメージは似ています。しかし透明感のあるトーンの上品さには素直なイメージが表れ、渋いトーンの都会的なイメージにあるこだわり感はありません。

2 Colors

3 Colors

激しい色を避けて、優しさを保つと上品

淡く薄いトーンを多く使うと優しく上品なイメージを表せます。淡く薄いトーンは、鮮やかな色に白を加えていくとつくれます。強い色を使う場合は、同系色で統一すると激しい対決感が消え、上品なイメージになります。

4 Colors

Many Colors

女性的《じょせいてき》 柔らかくて優しくてチャーミング

女性らしさは紅(べに)色で表す

女性的なイメージは淡いトーンで女性特有の優しさを表します。一方、女性らしさは紅色でも表せます。紅色を使えば、淡いトーンだけでなく、濃いトーンでも女性らしさが表せます。

2 Colors

小さなアクセント色で甘さを引きしめる

全体を暖色の仲間の色（同系色）だけで配色しているので、甘すぎる印象です。しかし、橙色の反対色の青色（帽子やボタンの色）がアクセントとなり全体を引きしめています。

3 Colors

女性的《じょせいてき》 柔らかくて優しくてチャーミング

明るい紅色に青色を添え、かわいさに開放感をプラス

紅色の反対色の青色を加えると陽気さにすっきりとした感じが加わります。色相に広がりが出て開放感が強調されるからです。

4 Colors

紅色ならば渋いトーンでも女性らしさが表れる

紅色は鮮やかでも淡くても女性らしい優しさをイメージさせます。渋いトーンで表すと高齢のイメージを表し、若い女性を渋いトーンで表すとこだわり感が強調されます。

Many Colors

＊ # 思慮深い《しりょぶかい》

落ち着きと適度な緊張感がある

思慮深さは透明な強いトーンで表す

思慮深さを表すのは、誠実さの力強さに冷静な落ち着きが加わった配色です。微暗色を主体にし、穏やかさを表す濁色を少量にすると、透明感のある落ち着いた雰囲気が表れます。

2 Colors

3 Colors

微量の反対色で生き生きさせる

青色を中心とした配色には、反対色の黄色をアクセントに少しだけ使います。思慮深いイメージのまま、生き生きとした印象も加わります。黄色を大きく使いすぎると、開放感が強まり、思慮深いイメージは消えます。

4 Colors

Many Colors

紳士《しんし》 上品で穏やかで礼儀正しい人

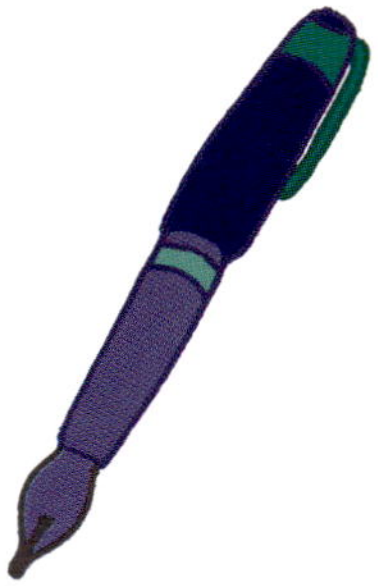

紳士的な穏やかさは暗濁色と明濁色の対比トーンで表す

紳士のイメージは落ち着いた穏やかさと軽快な明るさが条件です。重厚な落ち着きは暗濁色のトーンで表し、軽快な穏やかさは明濁色で表します。ともに紳士らしい穏やかさが表れます。

2 Colors

3 Colors

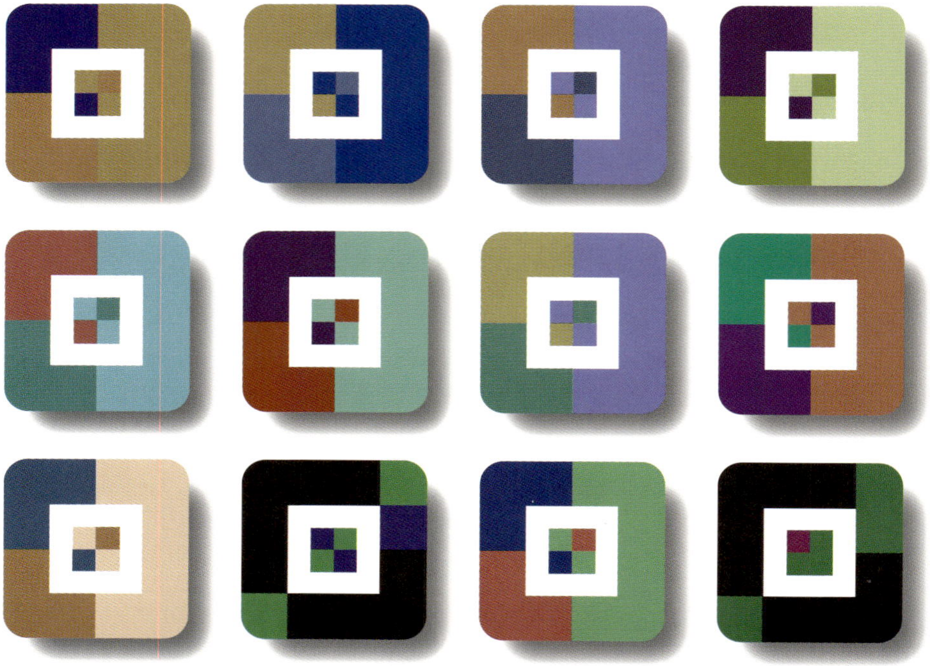

明度差を大きくしてスマートさを表す

紳士のスマートさは明濁色の明るいトーンで軽快に表します。一方、穏やかな力強さは暗濁色で表し、両方のトーンを組み合わせるとバランスのとれた配色ができ上がります。

4 Colors

Many Colors

神聖《しんせい》 崇高で侵しがたい特別な佇まい

神聖は紫の同系色で表す

神聖のイメージには他を寄せつけない孤高の厳しさがあります。全ての色相の中でもっとも現実感から離れた色相の紫がピッタリです。他を寄せつけない閉鎖性は同系色で表し、厳しさは暗色で表します。

2 Colors

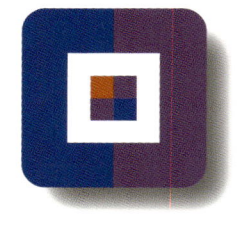

3 Colors

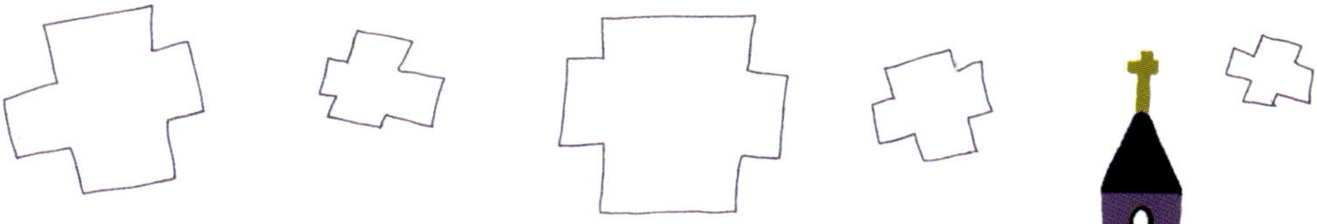

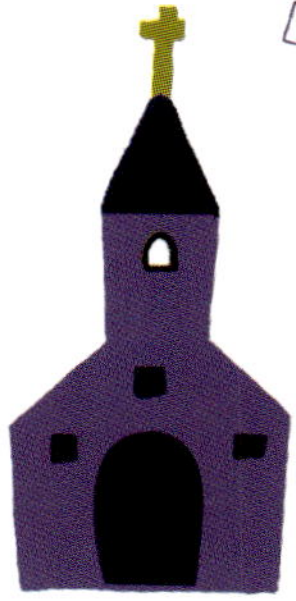

微量のアクセント色で生き生きさせる

反対色をアクセントに使って配色を生き生きとさせるためには、その面積を微量にすることがポイントです。大きくすると開放的になりすぎ、神聖さが消えてしまいます。

4 Colors

Many Colors

親切《しんせつ》

心を開くと自然に溢れ出る優しさ

親切さは優しく開放的な配色で表す

親切をイメージさせるポイントは優しさと開放感のある配色です。優しさは明るいトーンで表し、開放感は色相差の大きな配色で表し、両方を組み合わせると親切なイメージが表れます。

2 Colors

3 Colors

明度差を大きくしても開放感は表せる

近い色相だけの穏やかな組み合わせですが、顔色の明るいクリーム色とキャップのピンクには、はっきりした明度差があります。同系色だけの組み合わせでは閉鎖的なイメージになりがちですが、明度差をはっきりとつけると開放感が表せます。

4 Colors

Many Colors

＊ しんぷる

シンプル シンプルな生活で人生もすっきり

＊

シンプルは色相数を2色に絞って表す

シンプルは、無駄のないすっきりした状態なので、配色も色相数を2色に抑えると表現できます。最大でも3色までに収めます。とてもシンプルです。

2 Colors

3 Colors

程よい明度差ですっきりさせる

シンプルを表すには、明度差をつけすぎず、近づけすぎずの中庸が一番です。一目見て、他の色面との明暗差が分かるのですが、決して離れすぎた差ではありません。この穏やかさがシンプルな気分に似合っています。

4 Colors

Many Colors

すっきり　余計なものがなく、気持ちがよい

すっきりは２色で表す

色相数を少なくするほどすっきりした印象になります。色相を反対色の２色に絞るとあいまいさがなくなり、ムダな遊びが消えてすっきりとしたイメージが表れます。

2 Colors

3 Colors

すっきりしたイメージは明るいトーンがよく似合う

明るいトーンを使うと、すっきりした爽やかなイメージになります。純色に近いトーンで表すと強い印象になり、２色の対比でも少しくどい印象になります。

4 Colors

Many Colors

素直《すなお》

穏やかで飾り気のない明るい心

素直さは、はっきりとした明るい配色で表す

素直を表す配色は、明るく朗らかで、開放的なものになります。素直には他者の主張を受け入れる、こだわりがない、などのイメージがあります。こだわりのない開放感を表すには全相型が最適です。

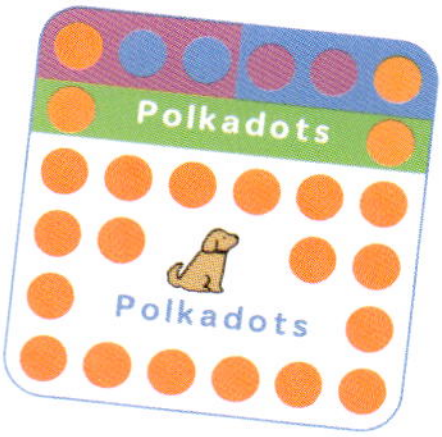

2 Colors

3 Colors

明色のトーンは気持ちを和ませます

明るく朗らかで優しいイメージの明色のトーンは気持ちを和ませます。色相差を大きくして開放感を表し、他人の意見を素直に受け入れる印象をつくります。

4 Colors

Many Colors

＊ 誠実《せいじつ》 真面目で無駄がなく安定感もある ＊

誠実は渋く強い配色で表す

誠実のイメージは役立つ力強いイメージに紳士の穏やかさを重ねます。鮮やかで渋いトーン、強く重いトーンを使って色相差を大きくすると誠実が表れます。

2 Colors

3 Colors

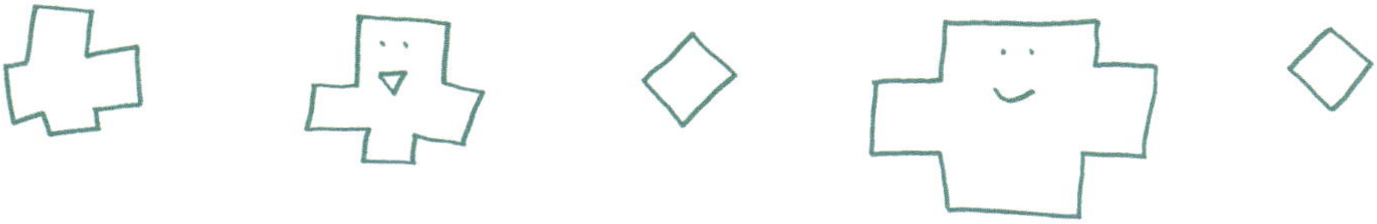

反対色できびきび感を表す

渋めのトーンなので、似た色相同士の配色では重苦しくなりがちです。反対色と組み合わせると、きびきびした役立ち感が表れます。

4 Colors

Many Colors

精神性《せいしんせい》 引きしまった緊張感と深い静けさ

精神性は深いトーンの同系色で表す

精神性は、静的なイメージをより深くした配色で表します。同系色だけで統一した配色は、開放感を極端になくした超閉鎖的な配色になります。すると、深い静的な精神性のイメージが表れます。

2 Colors

3 Colors

アクセント色は微量にします

アクセント色はごく微量にして統一感を保ちます。アクセント色を大きくすると開放感が強まり、統一された静寂感が破られてしまいます。

4 Colors

Many Colors

静的《せいてき》 しんとした静けさに騒々しさはない

静けさは青色を主体とした同系色で表す

静的を表す配色は寒色の青色が基本です。青色を主体にすればどのトーンを使っても静けさやしんとした静的なイメージを表すことができます。

2 Colors

3 Colors

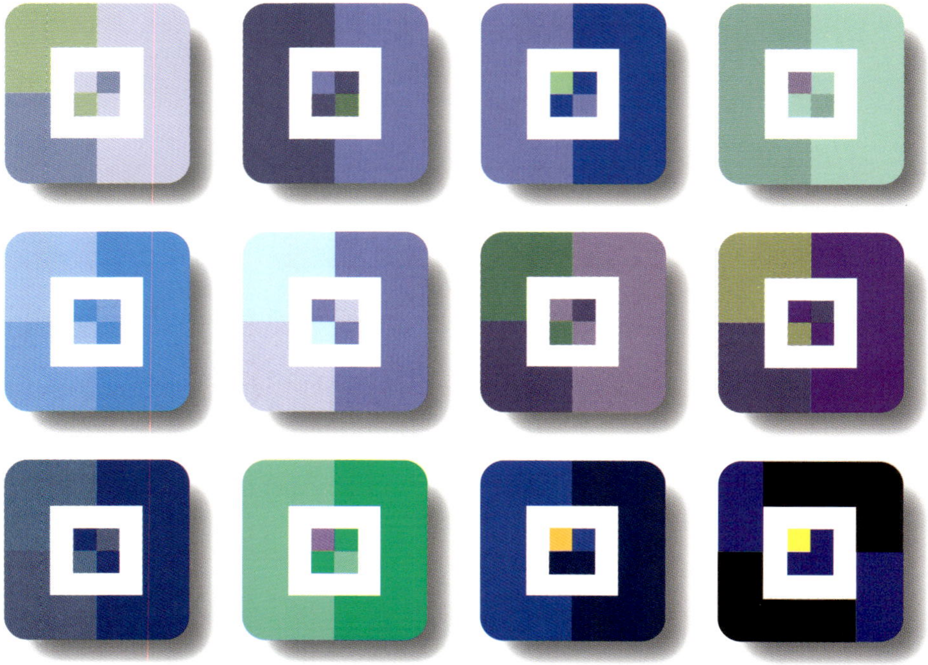

青色を主体にすればどのトーンでも静けさを表せる

明色のトーンを使うと爽やかな静けさ、濃いトーンでは深く落ち着いた静けさ、濁色のトーンは穏やかで落ち着きのある静けさ、淡いトーンを主にすると優しい静けさを表せます。

4 Colors

Many Colors

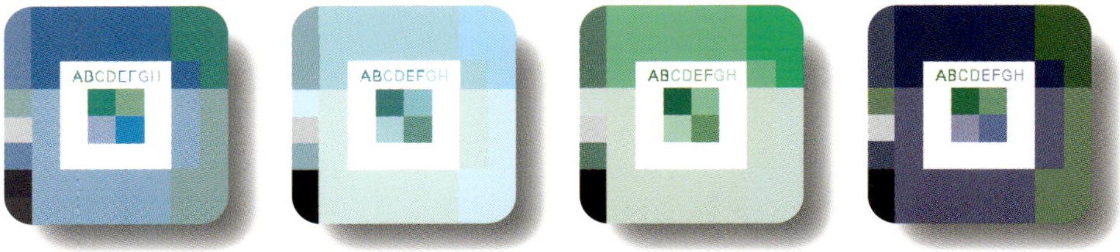

精密《せいみつ》 とても細かい注意と正確さが必要

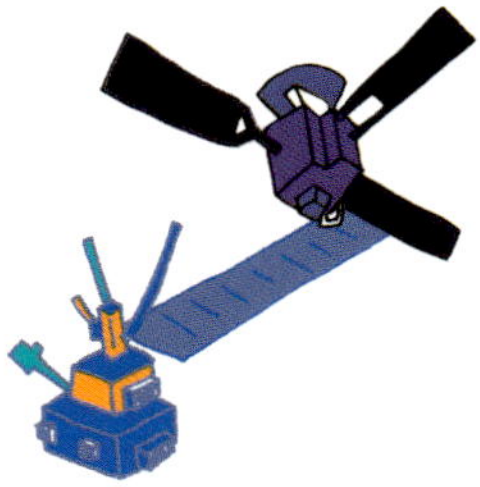

精密は強く濃いトーンで表す

精密も青色で表します。精密のイメージの幅は意外と広く、明るく爽やかなものから、重く力強いものまであります。暗色を多く使えば、力強い精密さが表せます。

2 Colors

3 Colors

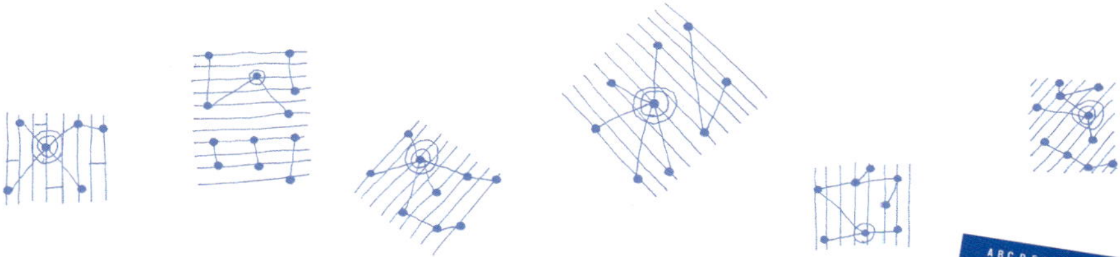

微量の反対色が精密さをより引きだす

鮮やかな黄色や赤色を加えるとシャープな印象が生まれ、精密さがより引きたちます。
反対色が加わることで積極的な印象が表れ、生き生きとしたイメージが加わるのです。

4 Colors

Many Colors

＊ 繊細《せんさい》 淡くはかない微妙な美しさ

繊細さはひときわ淡いトーンで表す

繊細さは、上品さや女性的と同じ明るく淡いトーンで表します。しかし、より淡いトーンにすることで繊細さを強調します。

2 Colors

3 Colors

淡いトーンなら反対色の対決感が弱まる

淡いトーンならば、強い印象の反対色の組み合わせでも対決感が弱まり、優しく繊細な印象になります。淡いトーンの繊細さに、反対色の配色の特徴の開放感が加わります。

4 Colors

Many Colors

大地《だいち》 緑豊かな自然の恵みと命を育む

大地は緑色と橙色で表す

緑色と橙色を組み合わせると、大地や自然の恵みを連想させます。これは、私たち人類の記憶の中に、長い年月を経て刷り込まれてきたものです。

2 Colors

3 Colors

渋いトーンが穏やかな自然を表す

緑色と橙色なら、どんなトーンでも大地、自然のイメージが表れます。明るいトーンなら爽やかな自然、暗いトーンならどっしりとした自然。しかし、渋いトーンが一番ぴったりきます。

4 Colors

Many Colors

＊ 力強い《ちからづよい》 重量感でパンチのあるインパクト ＊

力強さは微暗色同士を対比させた組み合わせで表す

もっとも力強い印象が生まれるのは微暗色のトーンです。すべての色の中でもっとも鮮やかなトーンの純色に、わずかに黒を加えると微暗色のトーンになります。微暗色と純色による反対色の組み合わせはシャープで元気なイメージをつくります。

2 Colors

3 Colors

反対色で生き生きさせる

絵柄の一部には必ず反対色を使いましょう。大きな面積に使えば堂々とした力強さが生まれ、小面積のアクセントにするとシャープな印象になります。

4 Colors

Many Colors

＊ 都会的《とかいてき》

洗練された上品さとシャープ感＊

都会的な華やかさは、明るく落ち着いた明濁色トーン

都会的なイメージには、落ち着きのある上品さと華やかさがあります。落ち着きのある上品さは、少し渋く淡いトーンで表します。華やかさは色相差の大きな配色にして表します。

2 Colors

3 Colors

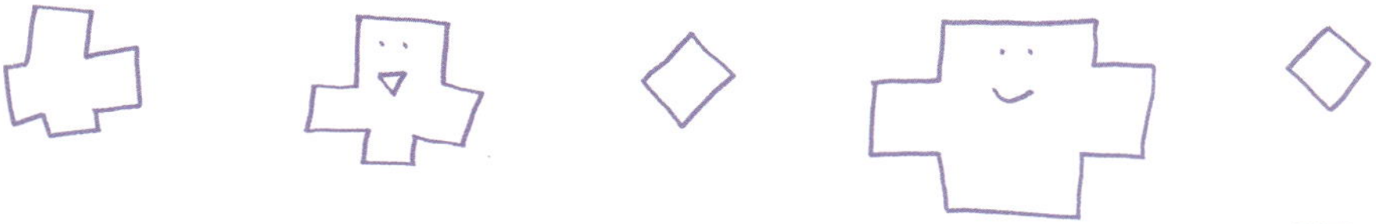

少しだけグレーを混ぜるとシックに

淡いトーンに、ほんの少しグレーを加えてみます。すると、落ち着いた上品さにシックさが加わり、都会的なアンニュイなイメージに変わります。また、色数を少なく配色すると人工的でクールという都会的なイメージが強調されます。

4 Colors

Many Colors

日常《にちじょう》

ごく普通の穏やかで優しい日々

日常は明るく少し渋いトーンで表す

日常のイメージは家庭的や癒しのイメージに似ていますが、家庭的より色相が自由です。暖色ではない緑でも日常感は表せます。癒しのイメージに比べるとコントラストは少しだけ強めになります。

2 Colors

3 Colors

ほどよい明度差でさっぱり感を保つ

明度差をほどよくつけたり、白を絵柄に添えてすっきり感を出します。渋めのトーンは穏やかですが、鈍い印象になりやすい欠点があります。

4 Colors

Many Colors

励まし《はげまし》　力強く声をかけて元気づける

励ましは力強く、開放的な配色で表す

励ましのイメージは、力強く外に向けて開放させることです。内にこもった気持ちではありません。力強さは、純色に少し黒を加えた微暗色のトーンで表します。開放感は、反対色や全相型の組み合わせで表します。

2 Colors

3 Colors

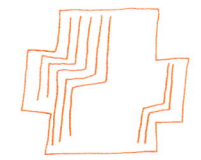

白地を残してすっきりさせる

暗色は力強いイメージですが、くどくなりすぎることがあります。そんなときは一部に白を残します。すると、全体がすっきりしてくどさがなくなり、力強く見えます。

4 Colors

Many Colors

はっきり

明確で分かりやすく好感を得やすい

はっきりは、純色の反対色で表す

純色の色相差、そして明度差を大きくするほど、はっきりと目立つようになります。このイメージのポイントは心理的な積極性を表す純色を用いることです。白と黒の対比のように、単に物理的に目立つだけではありません。

2 Colors

3 Colors

白を生かしてクリアさを保つ

純色の対決型の配色は、はっきりしたイメージになりますが、くどすぎることがままあります。そこで白を生かして使うと、クリアですっきりとしたイメージになります。

4 Colors

Many Colors

＊ はなやか

華やか

華やかに気取って目立ちたい！

華やかさは明るく、少し気取ったこだわり感で表す

華やかさは、明るいトーンと反対色の組み合わせの開放感のある配色で表します。しかし、単に開放的なだけではなく、少し気取ったこだわり感を加えることがポイントです。色数は２色か３色に絞って開放感を表します。

2 Colors

3 Colors

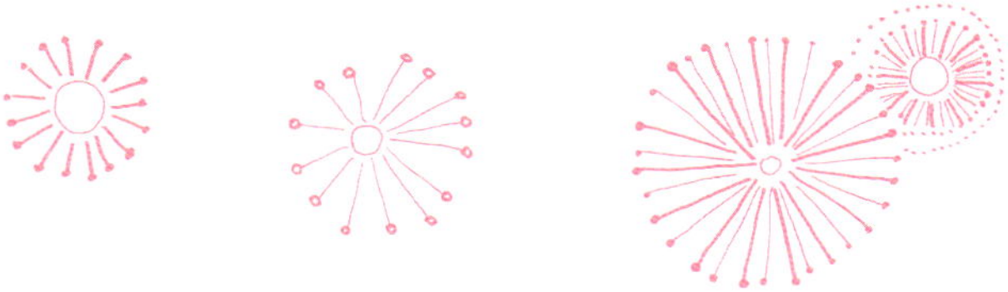

ピンクは女性らしい華やかさを表す

華やかさに似合う色相は紅色（ピンク）です。どんなトーンでも女性を連想させる紅色（ピンク）は、華やかなイメージにピッタリです。ここに、反対色の青色や緑色を少しだけ添えると華やかさは最高に強調されます。

4 Colors

Many Colors

＊ ふれっしゅ

フレッシュ　若さあふれるみずみずしさ

フレッシュのイメージは多様な広がりを見せます

フレッシュのイメージは幅広く多様です。フレッシュな若さや若葉のような新鮮で開放的なイメージから、激しいエネルギーを内に込めたイメージといった対極のテイストまであります。

2 Colors

みずみずしい若さには明るいトーン

これから成長しようとする若さ溢れるフレッシュのイメージは明色のトーンをメインに使い、開放感のある配色にします。かげりを表す濁色、強い主張を表す暗色は使いません。

3 Colors

＊ ふれっしゅ

フレッシュ　若さあふれるみずみずしさ

若々しいエネルギーは純色のトーンで表す

同じ色相でも、純色に近いトーンほど色の強さが高まるので、積極性や元気さが強まります。つまり、純色に近いトーンにするほど、エネルギーに溢れるフレッシュなイメージを表せるのです。

4 Colors

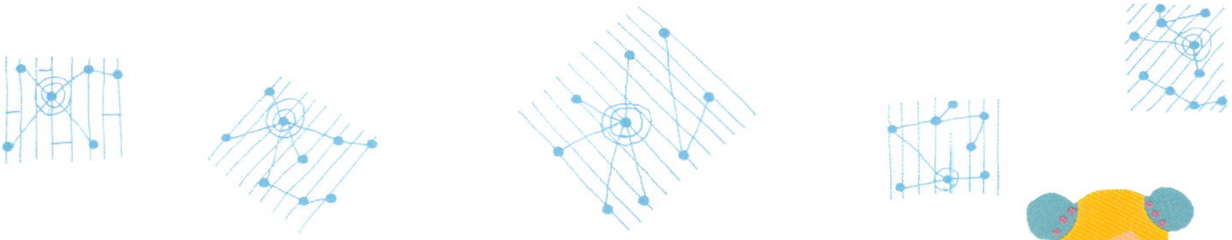

若さは反対色を添えて開放感を強調する

色相の離れた反対色と組み合わせると、生き生きとして開放的な気分が表れます。フレッシュで行動的な若々しさは、開放的な配色によって表現されます。

Many Colors

豊穣《ほうじょう》 満足感と生命のエネルギー

大地の豊かなエネルギーは渋く強い暖色で表す

土地が肥え、実り多く、心豊かになる豊穣のイメージは、暖色の渋めの強いトーンの配色で表します。渋いトーンは、大地のエネルギーを暗示し、わき上がる力強さを表します。

2 Colors

3 Colors

明度差を少し抑えて重さを表す

渋いトーンの暖色で食品を表すと、実り豊かな大地を自然とイメージさせます。明度差をなくすと軽快さが抑えられ、重厚感が表れます。

4 Colors

Many Colors

＊ 未来《みらい》 明るく、希望の扉が開いています ＊

未来は明るい反対色で表す

未来のイメージは限りなく明るく開放的なので、明色のトーンを使います。色相差も大きくして開放感を加えます。暗く渋いトーンや閉鎖的なイメージは似合いません。

2 Colors

3 Colors

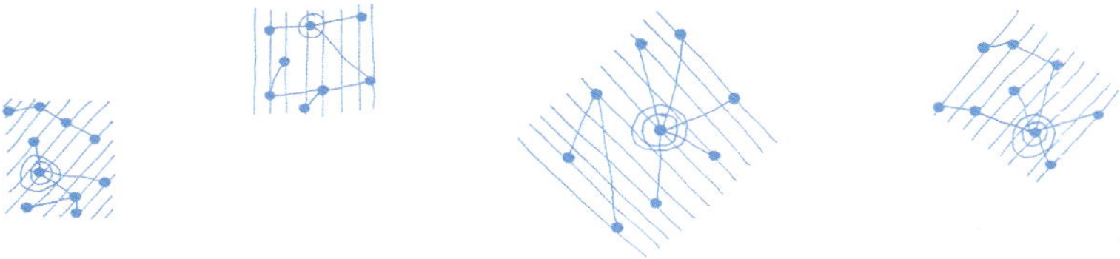

反対色で明るく開かれた明日を表す

未来は開放感が決め手です。開放感は反対色の組み合わせで強調できます。すっきりとクリアな開放感は、希望に満ちた明るい未来のイメージにピッタリです。

4 Colors

Many Colors

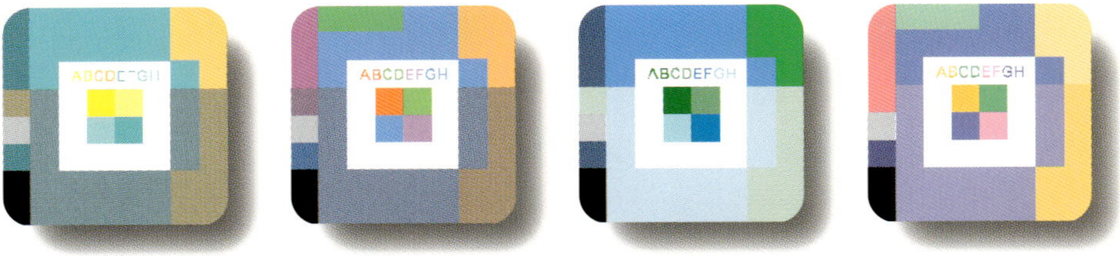

＊

役立つ《やくだつ》　無駄がなくすっきりと分かりやすい

＊

役立ち感は純色による反対色の組み合わせで表す

役立つイメージは純色による対比配色（反対色の組み合わせ）で表します。純色のトーンは力強さを表し、反対色の組み合わせの対比配色で無駄のない緊張感のある状態を表します。

2 Colors

3 Colors

色相数を絞るほど、無駄な遊び感がなくなる

無駄のない役立つイメージにするには色相数を2～3色に絞ります。色数が増えると自由なイメージは強まりますが、雑然として役に立たないイメージも生まれます。

4 Colors

Many Colors

理知《りち》 タイトなスーツでクールに決める

理知は透明感のある青色で表す

青色を中心とした寒色はクールな理知や理性を表します。明るいトーンの青色は、爽やかな透明感があり、クリアですっきりした理知的なイメージにピッタリです。反対に、赤色を中心とする暖色を使うと感情的なイメージを表せます。

2 Colors

3 Colors

微量な黄色が青色を引きたてる

青色にほんの少し黄色を添えると、青色の爽やかさが引きたちます。シャープな理知的なイメージに、生き生きとした積極性も加わります。

4 Colors

Many Colors

＊ 冷静《れいせい》 感情に左右されない静かな心 ＊

冷静のイメージは落ち着きのある青色で表す

冷静は理知に比べるとさらに落ち着いたイメージが強くなります。青色のトーンを理知より強めて重くすると冷静のイメージが表れます。アクセントに使う色も軽快な黄色ではなく、重さのある赤系が似合います。

2 Colors

3 Colors

青色系だけでまとめると冷静沈着

青色系だけで配色すると落ち着いた静かな印象が強調されます。黄色や橙色などの陽気なイメージの色は加えません。

4 Colors

Many Colors

＊

ロマンチック《ろまんちっく》 甘くて淡くて空想的。でも情熱的

＊

ロマンチックは淡い紅色で表す

ロマンチックの甘い夢に満ちたイメージは淡いトーンで表します。対決感のない甘いロマンチックな世界は、厳しい現実の世界とは正反対のイメージです。

2 Colors

3 Colors

微量のアクセントで甘さを引きたてる

ほんの少しの青色がアクセントとなって甘いロマンチックな印象を引きたてています。ピンクの反対色の青色を少量使うことがポイントです。大きな色面にすると現実的なイメージに近づいてしまいます。

4 Colors

Many Colors

＊ わふう・はなやか

和風・華やか

美しい上質感、春風の爽やかさ

和風の華やかさは、明るく開放的な配色で表す

和風の代表的な表情である華やかさは、明色を使った開放的な配色で表します。日本的な和テイストの特徴は、穏やかで開放的なことですが、その表情は多様で、様々なものがあります。

2 Colors

3 Colors

流水型のレイアウトパターンと組み合わせる

短冊に筆書きしたカナ文字のように、水や風が流れるようなレイアウトパターンと和の配色が結びつくと、和テイストは生き生きとし、私たちを和ませてくれます。

4 Colors

Many Colors

和風・渋い《わふう・しぶい》

深い趣きと落ち着きを感じさせる

和風の渋さは濁色の開放的な配色で表す

落ち着いた渋さの中にも華やかさのある和風の渋さ。このイメージは「和風・華やか」のトーンを渋くすると表れます。反対色を取り入れた配色になるほど開放的になり、華やかさも強調されます。

2 Colors

3 Colors

自然のモチーフを取り入れた和のパターン

花鳥風月など自然を連想させるモチーフとの組み合わせは、最強の和テイストをつくります。しみじみ、情緒のある、落ち着いた、豊かな気持ちなどを感じさせます。

4 Colors

Many Colors

＊

和風《わふう》・伝統《でんとう》 守られ、受け継がれていく精神性

＊

伝統は重く渋いトーンで表す

日本人が伝統的と感じる配色は暗濁色のトーンで表れます。重厚で、厳しい中にも穏やかさがある伝統のイメージを表すには暗濁色のトーンがピッタリなのです。

2 Colors

3 Colors

開放感が重くなりすぎるのを防ぐ

伝統を表す暗濁色のトーンは重くなるので、開放感を補うことが必要です。そのためには、反対色を効かせて色相差を大きくしたり、明度差をはっきりつけることが大切です。和のテイストには、穏やかさと開放感が同時にあります。

4 Colors

Many Colors

＊

和風《わふう》・粋《いき》 洗練とこだわりのあるオシャレ感覚

＊

粋は微暗色のトーンで配色を引きしめて表す

微暗色のトーンで配色全体を引きしめると、しゃっきりとした無駄のない、粋のイメージが表れます。微暗色は純色に近い鮮やかな色ですが、ほんの少しだけ黒が入って抑制されているところがポイントです。

2 Colors

3 Colors

対比でメリハリをつける

反対色や明度対比を強めると、すっきりした粋のイメージが表れます。さらに自然をモチーフにした図柄と組み合わせ、堅苦しいシンメトリーな形などは避けます。

4 Colors

Many Colors

和風《わふう》・情緒《じょうちょ》 柔らかく優雅で優しい心のありよう

情緒は紅色を効かせて表す

女性的イメージの紅色を主体にして反対色と組み合わせ、トーン差を穏やかにすると情緒が表れます。和風テイストの中でも情緒は女性的なイメージと結びついているのです。

2 Colors

3 Colors

明度差やトーン差は大きくしない

反対色を組み合わせるときは明度差やトーン差は大きくしません。差を小さくして和風らしい穏やかさを表します。同系色でまとめるときは明度差を少し大きめにします。

4 Colors

Many Colors

＊ 季節《きせつ》・春《はる》

季節・春 初々しく柔らかに萌える明るさ

春は淡いトーンで表す

春のイメージは、生命が生まれたばかりの初々しさ、優しさ、明るい素直さなどです。このイメージには明色や淡色のトーンがピッタリです。

2 Colors

3 Colors

反対色を効かせる

淡いトーンはどんなに強い反対色と組み合わせても、爽やかな開放感が表れます。くどい印象にはなりません。春らしい、優しく新鮮な芽吹きが伝わります。

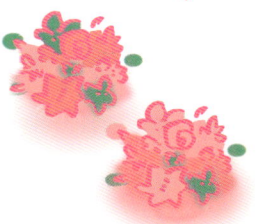

4 Colors

Many Colors

季節《きせつ》・夏《なつ》 太陽の暑さが清涼感を求めさせる

夏は純色で表す

夏のイメージは元気いっぱいの純色で表します。生命感がみなぎり、積極的な気分には、もっとも鮮やかな純色の組み合わせが最適です。

2 Colors

3 Colors

白ですっきりさせる

純色だけで組み合わせるとくどく押し付けがましい印象にもなります。絵柄の一部や背景に白を使い、鮮やかな純色をすっきり見せるようにします。

4 Colors

Many Colors

季節《きせつ》・秋《あき》 実りと落ち着きをとり戻す季節

秋は濁色のトーンで表す

秋の落ち着きは濁色のトーンで表します。元気溢れる夏が過ぎ、穏やかに落ち着いた季節の秋。配色の一部分を濁色にすると落ち着いた深みが表れ、秋らしさが強調されます。

2 Colors

3 Colors

果実を秋の配色にする

私たちがイメージする秋の美しさは、果実や紅葉などの自然の恵みに密接に結びついています。果実を秋の配色に彩ると豊かで落ち着いた気持ちになります。

4 Colors

Many Colors

季節《きせつ》・冬《ふゆ》 寒いと暖かいぬくもりが恋しくなる

冬は寒色と暖色で表す

冬を連想させる配色には正反対の２つの方向があります。雪や氷を連想させる寒色で表すイメージと、暖かいコタツやストーブを連想させる暖色のイメージです。どちらを使っても冬らしさを表現できます。

2 Colors

3 Colors

寒色だけでは寒すぎる

寒色だけで冬らしさを表すと、寒々としすぎて寂しい気持ちになってしまいます。絵柄の中に白を効かせると、厳しい寒さのイメージが和らぎ、凛とした爽やかな冬のイメージを表せます。

4 Colors

Many Colors

配色見本の使い方

1 絵柄と配色のイメージを合わせる

配色がもっとも美しく感じるのは、イメージがぴったり一致した時です。イメージが配色の決め手なのです。
各ページにあるイメージ語を手掛りに、自分の描くイメージにぴったりの配色を探しましょう。
各自が描くイメージには幅があります。全員がこの本で紹介する配色を選ぶわけではありません。民族性や個人差がかなり強く反映されます。

✕ 子供にこの配色ではかわいくない

○ まじめに仕事をして頼りになる

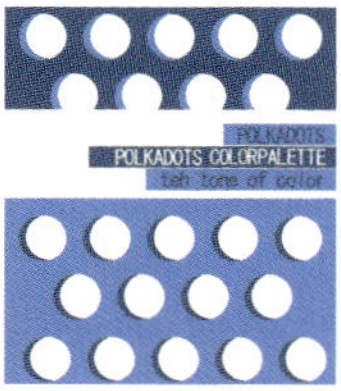

✕ 抽象系ではぴんとこない

○ 冬のイメージがはっきり伝わる

2 主役にもっとも強い色を置く

配色にはドラマと同じように主役と脇役があります。主役をはっきりさせないと、落ち着かない気持ちになります。

✕ 包装紙の方が強い色なので落ち着かない

○ 花の色が強いと落ち着く

✕ どこが主役なのかがわからない

○ 本の色が強くなったら落ち着いた

アクセント色は目立つ場所へ

アクセント色は微量ですが、目立つ場所に置くと全体を生き生きとさせます。
端に置くと、うるさく邪魔な印象になります。

✕ 青色のアクセントが端にあっては生き生きとしない

○ 青色のアクセント色を目立つ場所に移したら落ち着いた

3 面積比やトーンを変えるとイメージが一変する

この見本色のポイントは面積比です。同じ色でも使う面積を変えると全く違うイメージになります。色相の型（P.138）が変わり、別なイメージに変わります。トーンも変えると別なイメージになります。

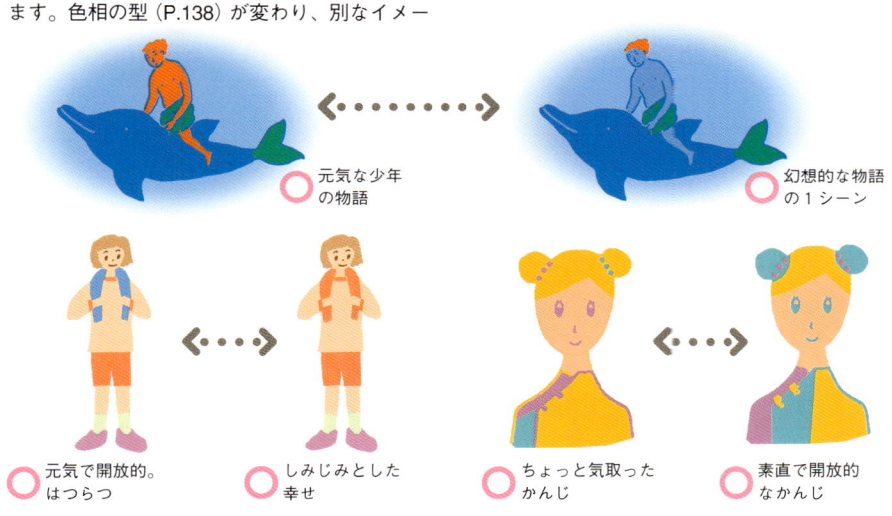

元気な少年の物語

幻想的な物語の１シーン

元気で開放的。はつらつ

しみじみとした幸せ

ちょっと気取ったかんじ

素直で開放的なかんじ

4 白地とグラデーション効果を無視しない

背景の形式は３タイプあります。表したいイメージに合わせてふさわしいタイプを選ぶと、より効果的にイメージが表せます。合わないタイプで配色すると、目指すイメージが表れません。

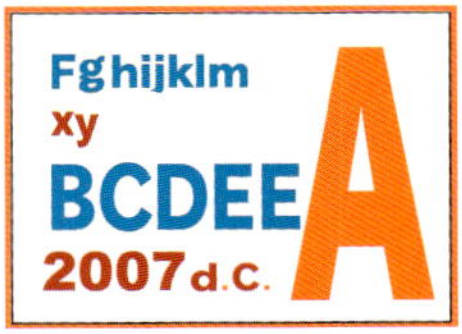

白地　クリアですっきり

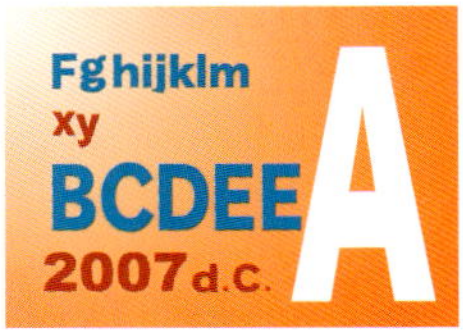

グラデーション　優しく穏やか

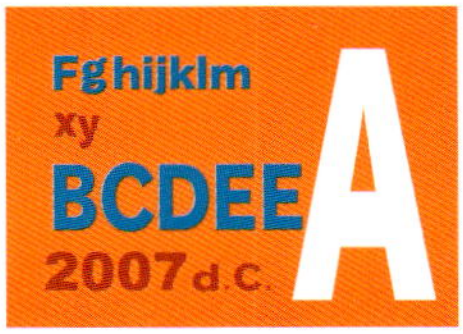

濃い色面　強い主張

白地

グラデーション

濃い色面

用語の説明

色相の名前、略称

絵具や印刷インキの３原色であるＣ（青：シアン）、Ｍ（紅：マゼンタ）、Ｙ（黄：イエロー）を色相環に配置すると右図のように並びます。その中間に光やコンピュータのモニター上の３原色であるＲ(赤)、Ｇ(緑)、Ｂ(紫)があります。

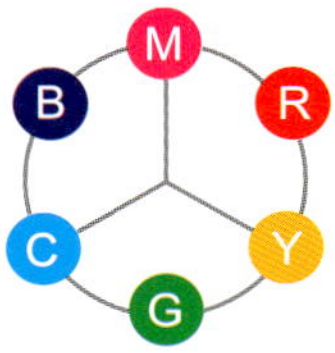

色相の型

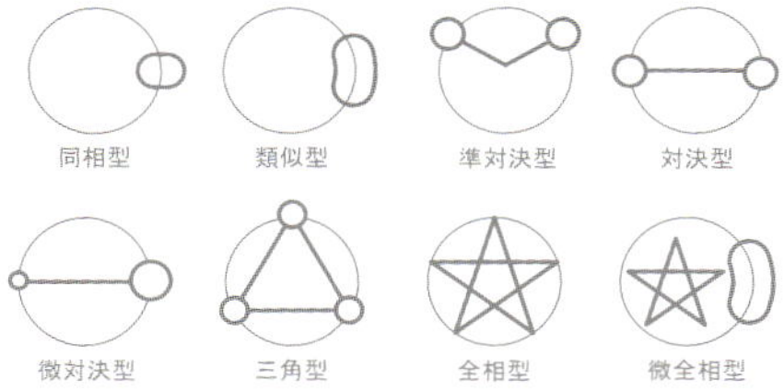

色相を組み合わせると、上図のように８つの基本型ができます。この型は配色のイメージを決める基本要素であり、イメージ色環上に配置すると、下図の位置にあります。

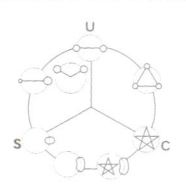

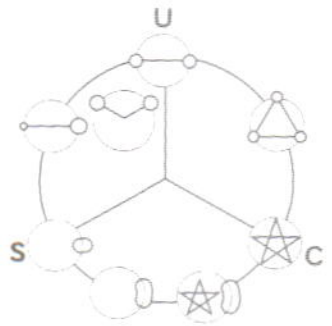

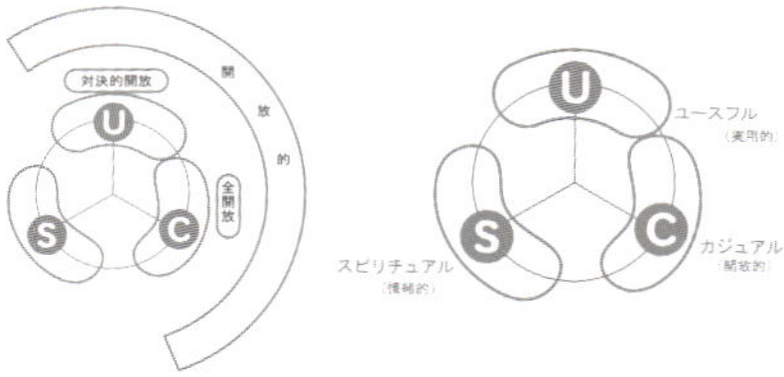

反対色

色相環で正反対にある色相を反対色といいます。Ａに対し、Ｂの色です。しかし実際の効果としてはｂもｂ'もほぼ同じなので、ｂもｂ'も反対色といいます。

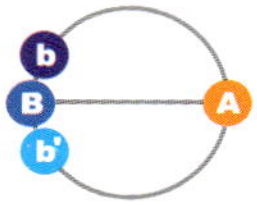

トーンの名前

色彩は有彩色と無彩色に分かれ、有彩色は図Ｂの４区分に属します。どこに属するかによって配色のイメージが決まります。４区分の中はさらに図Ｃのように分けられます。

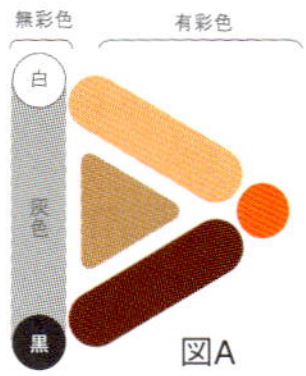

図A

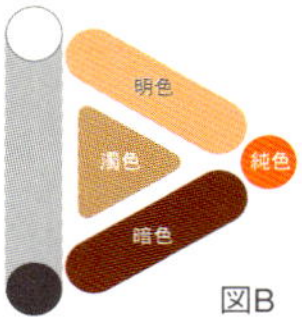

図B

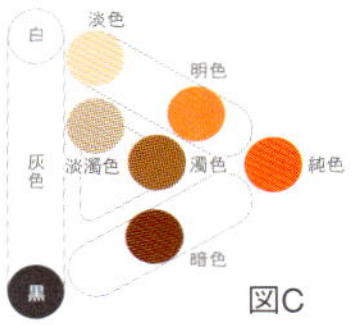

図C

色量率(色価)

配色に含まれる色は純色に近いほど色価が高くなり、最大で10となります。高いほど積極さや元気さを表し、低いほど優しく上品になります。

トーン差と色相差

標準的なトーン差は２ですが、小さくして１にすると穏やかなイメージになります。色相差は最大12までで、大きくするほど開放的になり、小さくなるほど穏やかになります。

背景3型

画面全体で背景色が３型のどれに属するかによって、同じ色を組み合わせても全く違うイメージが表れます。

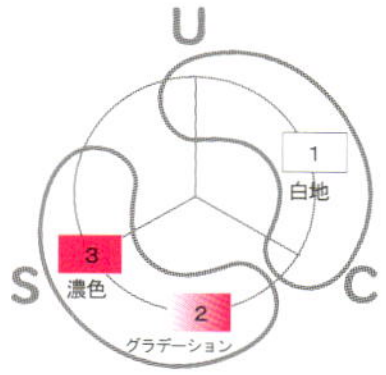

1. 白地＝クリア、役立つ、開放的
2. グラデーション・淡色＝優しさ、癒し
3. 濃色・黒色・ベタ面＝幻想、激情

なぜイメージを配色で表せるのか

この本では、ことばにぴったりの配色が紹介されています。従来､｢配色や形の受けとめ方は個人の感性によって様々で、言い切ることはできない」と考えられてきました。

しかし、デザイン言語(http://www.d-gengo.com)が完成してみると、配色や形などの視覚要素には言葉と同じように文法があり、視覚言語といえる仕組みがあることが分かりました。その仕組みを利用するとイメージ語を配色や形に翻訳することが客観的にできるようになりました。

配色のイメージを決定する7要素

特に重要なのは色相型とトーン型ですが、イメージによっては他の要素が決定的になります。

色相型——閉鎖的か、対決的か全開放的か

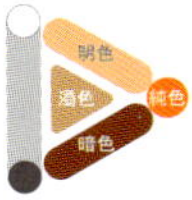

トーン型——明朗な明色、こだわりの濁色、威圧の暗色

色相の位置——暖色はＲを中心としたＭ・Ｒ・Ｙ
寒色はＣを中心としたＢ・Ｃ・Ｇ

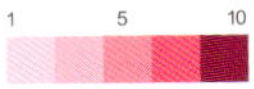

色　量——色の強さ、重さで最大10。強いほど積極的に

トーン差と色相差——差を大きくすると派手になり、小さくすると穏やかに

背景３型——白地、グラデーション、濃色の３型

色　数——多色は自然さを、少色はこだわりを表す

イメージの素にある記憶のDNAには予想外の古い時代が刷り込まれている

イメージを配色におきかえてみると、民族や地域、時代によって、一定ではないことが分かります。イメージは様々な記憶が刷り込まれてつくられています。モノクロ写真を見て懐かしく安心した気分になったり、ＴＶで大型のカラフルな画面を求める気持ちの中には、恐竜時代を生きた人類の祖先の記憶が刷り込まれているようです。配色を言語化してみると、様々な記憶の素が浮かび上がってきます。

配色の品質保証?!

配色やデザインの仕組みは感覚だけが頼りで分かりにくい、まるで別世界のようだ、と思われています。しかし、当研究所で開発したデザイン言語を通してみると、配色やデザインがすっかり使いやすくなりました。①だれでも合格品のデザインをつくれ、その合格品デザインは、②はっきりした効果が表れること確かめられます。

1 だれでも魅力的な配色がつくれる

下の図はある専門学校生が3日間のデザイン言語練習後につくったWebデザインです。
練習前と比べるとデザイン言語の効果がよく分かります。

この実験では、7割以上の人が合格品Aをつくり、他の人はBをつくりました。別の社会人を対象にした短期間の実験でも同じ効果が確かめられました。

オーロラさん

練習前

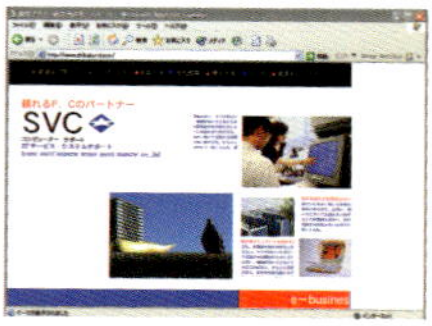

3日間の練習後

10年越しのクジャクさん

練習前

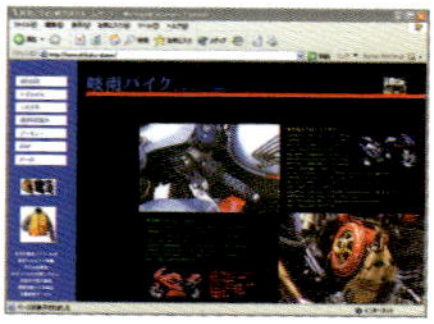

3日間の練習後

田中芳隆さん

練習前

3日間の練習後

2 魅力的な配色は、見る人の気持ちを動かす＝品質証明

従来、配色やデザインの効果は測りにくく、客観的といえる事前評価はできませんでした。デザイン言語によって評価基準がはっきりし、事前にデザイン効果がはっきり見えるようになりました。選挙ポスターやWebデザインを事前に採点して効果を比較すると、配色やデザインが好感度を大きく左右していることが分かります。

選挙ポスターのデザイン効果

合格品Aのポスターは90%以上の人が当選し、不合格Dは20%以下になります。

'04 杉並区議選　70名

デザイン評価	当選率
A	95%
B	79%
C	62%
D	20%

'04 浦安市議選　36名

デザイン評価	当選率
A	90%
B	60%
C	38%
D	0%

'04 東京都議選　87名

デザイン評価	当選率
A	93%
B	71%
C	63%
D	17%

Webデザインの効果

合格品Aのデザインは多くの人から好感が寄せられます。

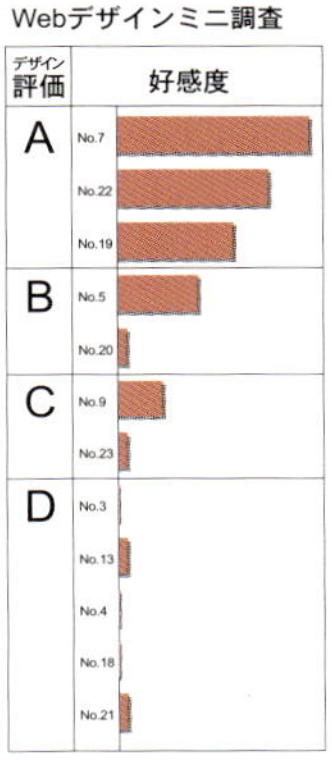

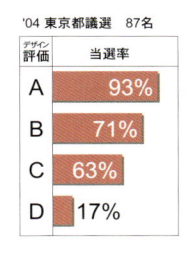

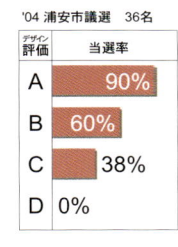

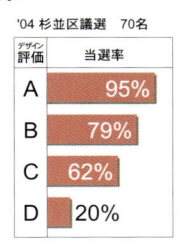

■編集後記

イメージ言葉を配色で表すと思いがけない本音がみえてきます。例えば家庭という言葉を配色で表すと類似色になります。完全な同系色では閉鎖的すぎて家庭のイメージにはなりません。少しだけ開放感を加えると〈家庭的〉になります。なるほど。家庭には少しだけ開放感が大切なのですね。

理性的な言葉とちがって感覚直結型の配色には本音がくっきりと表れるのです。　（企画　内田広由紀）

先日、花屋さんで花束をつくってもらう時、贈る人のイメージを聞かれたが「きれいというよりかわいい感じ」とか「和風な感じも好きかも」といった言葉しかでてこなかった。それでも花屋さんはうまく読み取って花束をつくってくれた。花屋さん符丁にはかわいい、きれい、和風があって、色に置きかえることができるのだろう。コミュニケーションごとに得意ジャンルがあり、言葉とぴったりの色をつなぐルールが存在している。それらを集めたこの本で色々なテイストを楽しんで欲しい。

（編集　池上薫）

イラスト／佐藤　繁　shigemi sato
http://www.geocities.jp/sosanote/

ことばでさがす **ぴったり配色見本帳**

発　行　平成19年（2007）6月15日　第1版
著　者　内田広由紀
編集人　望飴杜子
発行人　内田広由紀
発行所　株式会社視覚デザイン研究所
〒101-0051 東京都千代田区神田神保町1-36吉野ビル
TEL 03-5280-1067（代）FAX 03-5280-1069
振替／00120-0-39478
協　力　光村印刷株式会社　willsnow-dfl
製　本　株式会社難波製本
スタッフ　上田亜紀　國末拓史　曽我隆一

ISBN978-4-88108-198-3 C2370

視覚デザイン研究所のデザイン書

基本はかんたん配色のルール

内田広由紀 著　B5　144P　定価（本体2500円＋税）

美しく魅力的な配色を誰でも簡単につくる方法を、わかりやすい比較図で解説します。今まで、配色は経験と才能だけが頼りでした。しかし、本書で紹介する９つのルールをチェックすると、それだけで好感される配色が確実につくれます。

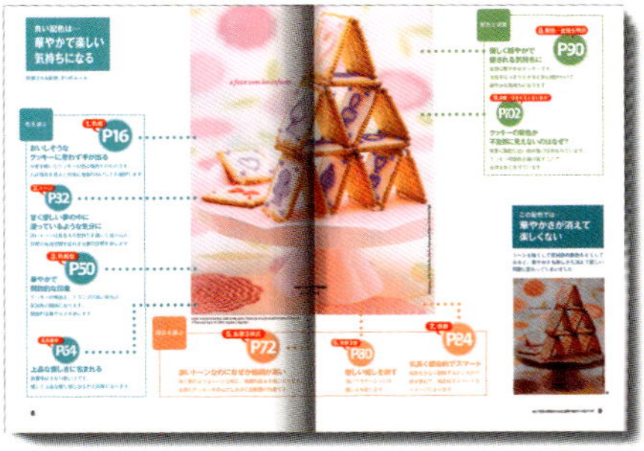

配色共感マップ

内田広由紀 著　B5　144P　定価（本体2500円＋税）

配色をとりまく複雑な謎を、シンプルな仕組みを使って一気に説明した本です。これを使えば、衣・食・住のあらゆるシーンで共感される配色が思い通りつくれるようになります。

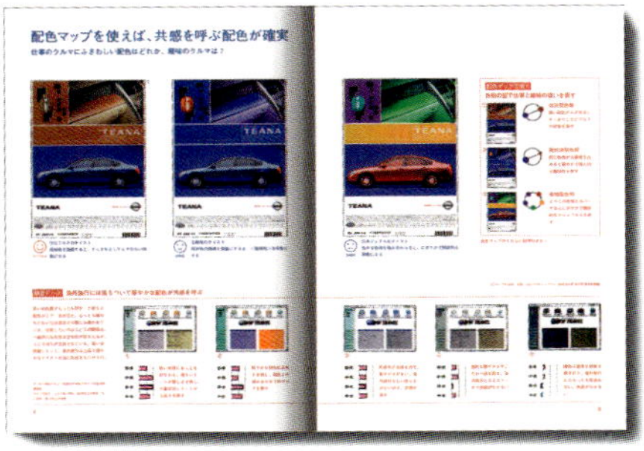

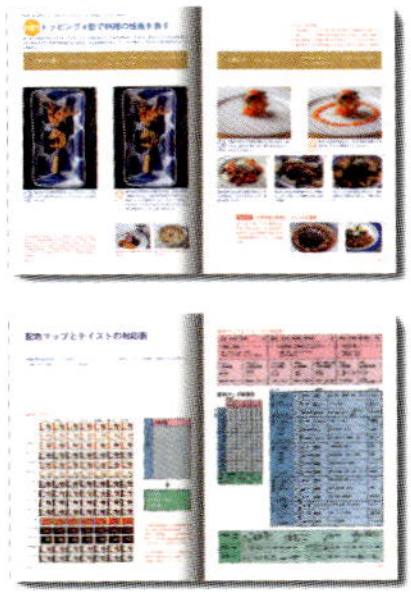